Programmering av trackingalgoritmer

Kalmanfilterteori og andre løsningsprinsipper

Programmering av trackingalgoritmer

Kalmanfilterteori og andre løsningsprinsipper

Petter Øgland

Lulu Press
Raleigh, North Carolina

Lulu Press, Inc.
3101 Hillsborough Street
Raleigh, NC 27607

www.lulu.com

Published by Lulu Press.
10 9 8 7 6 5 4 3 2 1

Copyright © Petter Øgland, 1992.

ISBN 978-1-387-35987-5

First printing: August, 2015

The original text was printed by the Norwegian Defence Research Establishment as an unclassified document. This book is a reprint of the original document.

INNHOLD

PROGRAMMERING AV TRACKINGALGORITMER

SUMMARY

Tracking the flow of information from sensordata to controldata in the Interception Model is a challenging problem. This report contains an analysis of the problem and schemes for constructing numerical methods.

The methods we have examined are based on filter theory: Direct association filter, regression analysis filters, pattern recognition filters, Kalman filters, Finite Element Method filters, Spline filters.

(Programming Tracking Algorithms)

1   OVERSIKT

Hensikten med notatet er tosidig. For det første ønsker vi å dokumentere arbeidet med utvikling av trackingalgoritmene i avskjæringsmodellen 3.1, og i den forbindelse formidle ideer og erfaringer som ansees å kunne ha en viss nytteverdi for videre arbeid. For det andre ønsker vi en enkel, men abstrakt, oppsummering av lineær estimering i dynamiske systemer, da dette har vært en absolutt nødvendighet for utvikling av dynamiske filtre. Den eksisterende innføringslitteratur på dette området idag har vist seg enten å være for avansert eller for banal. Vi prøver derfor å formidle det vi mener er absolutt nødvendig for videre arbeid med programmering av trackingalgoritmer.

Notatet er hovedsakelig rettet mot informatikere, presumptivt med bakgrunn i numerisk analyse, og forutsetter således oversiktskunnskaper innenfor mekanikk, statistikk og noe kjennskap til de mest vanlige begreper innenfor matematisk analyse. Dette inkluderer en viss kjennskap til det grunnleggende vokabularet innen abstrakt algebra, topologi, målteori og funksjonalanalyse.

Fremstillingen legger forøvrig mer vekt på å formidle intuisjon enn matematisk stringens. Notatet beskriver teori under utvikling, så vi har lagt hovedtyngden på å få lagt frem de forskjellige ideene på en strukturert form åpen for videre behandling.

1.1   Struktur

Vi starter i kapittel to med teorien for multippel tracking slik at vi får et tilstrekkelig fleksibelt abstrakt begrepsapparat . Materialet er hentet fra Blackman [1], men er vesentlig generalisert og omarbeidet. Det er nødvendig å gå relativt abstrakt til verks for å få en tilstrekkelig generell trackingproblemstilling som ikke bare lar seg løse via tradisjonelle Kalman filtreringer, men også gir rom for nye tolkninger.

Deretter følger en abstrakt geometrisk tolkning av lineær estimering og stokastisk kontroll. Fremstillingen er i all vesentlighet en omstrukturert og kompaktifisert variant av Davis [2]. Hensikten med dette kapittelet er som nevnt ovenfor todelt. For det første gir det oss det begrepsmessige apparat som er nødvendig for å snakke om Kalmanfiltrering, og for det andre er det en hensiktsmessig generalisering av den elementære statistikken. I presentasjonen av dette kapittelet har det vist seg gunstig å bruke visse matematiske sammenlikninger mellom mekanikk og statistikk. Mer om dette nedenfor.

Kapittel fire og fem gir så en presentasjon og analyse av algoritmer til bruk i praktisk simulering. En teoretisk analyse både av det analytiske og numeriske problemet er utført i detalj.

Siste kapittel gir en oppsummering og analyse av problemstillingen, parametre og resultater, hvor vi også gir en praktisk evaluering av algoritmene.

1.2 Valg av abstraksjonsnivå

I sin fremstilling av den mengdeteoretiske topologi innleder Klaus Jänich på følgende måte:

"Det sies at et kjennetegn ved den moderne vitenskap er den sterke og stadig voksende spesialisering (...), og dette kan muligens medføre noe riktighet når man snakker om et så abstrakt begrep som *den moderne vitenskap*. Et langt viktigere trekk ved utviklingen er den voksende sammenfletting av tidligere adskilte deler fra vitenskapen (...). Den mengden felleskunnskap en tallteoretiker og en differensialgeometer må beherske er i dag langt større enn for femti eller hundre år siden. Sammenflettingen medfører at utviklingen stadig fører skjulte analogier frem i lyset, noe som utnyttes ved at etablerte teorier strekker seg inn i nye områder og knytter disse sammen."

I begynnelsen av det 19. århundret hersket fortsatt synet om at matematisk geometri sto i entydig korrespondanse med det fysiske rom og geometriens aksiomer således var selvevidente, sml. Kants teori om erkjennelsesformene og synet på matematisk erkjennelse.

I slutten av århundret løsrev man seg totalt fra denne oppfatning, noe som særlig kom til uttrykk i Hilberts intuisjonistiske program om at matematikk ikke er annet enn systematisk manipulasjon med symboler i henhold til visse logiske kriterier.

I begynnelsen av vårt århundre oppdager man at en viss intuisjon er, om enn ikke nødvendig, svært fruktbar når man skal løse abstrakte problemer. Vi får en utvikling i retning av at man innfører geometrisk begrepsapparat i deler av matematikken som tradisjonelt ikke har hatt noe med geometri å gjøre. Blant de viktigst merkepunkter i denne utviklingen nevner man vanligvis Georg Cantors mengdelære (1874), Maurice Fréchets "Sur Quelques Points du Calcul Fonctionel" (1906), Felix Hausdorff "Grundzüge der Mengenlehre" (1914) og Stephan Banachs funksjonalanalyse (1922).

Paradoksalt nok er vi dag nærmere Pythagoras og den tidlige greske matematikken enn man har vært siden renessansen. Gjennom hele det nittende århundre ble det lagt ned arbeid for å få statistikk matematikken fundert på et sikkert logisk grunnlag, og som en konsekvens av dette arbeidet ble man mer og mer bevisst de strukturelle likheter som finnes innen for forskjellige spesialområder. I siste halvdel av det tyvende århundre lever vi derfor som en slags vitenskapens dessertgenerasjon hvor man gjennom en eskalerende abstraksjon havner i elementær geometri og tallteori.

En mer prosaisk beskrivelse av denne observasjonen finner vi i "Sur Quelques Points du Calcul Fonctionnel ":

Un grand nombre des éléments qui interviennent en mathématiques sont déterminés chacun complétement par une suite infinie de nombres réels ou complexes:

Par exemple, une série de TAYLOR est déterminée par la suite de ses coefficients...

On peut donc concidérer les nombes de la suite qui définit chacun de ces éléments comme les coordonnées de cet élément envisagé comme un point d'un espace (E_ω) à une infinité dénombrable de dimensions. Il y a plusieurs avantages à opérer ainsi. D'abord l'avantage qui se présente toujours quand on emploie le langage géométrique si propice à l'intuition par les analogies qu'il fait naitre...

1.3 Bruken av mekanikk og statistikk

Måten vi kommer til å benytte mekanikk og statistikk på her er av ren teoretisk karakter. Enkelte metoder er motivert ut fra mekanistiske betraktninger. Det hender også at det mekanistiske begrepsapparat kan være et hendig forklaringsredskap.

Strukturering av mekanikken følger ofte forskjellige linjer. I rapporten kommer vi til å bruke følgende tradisjonelle inndeling :

a) Kinematikk:
Studiet av bevegelse eller forandring for mengder av partikler med masse men uten utstrekning og uten påvirkning av krefter.

b) Dynamikk (inkl. Statikk):
Studiet av bevegelse (evt. likevekt) for legemer med masse og utstrekning, og som er påvirket av krefter.

Vi skal se at sannsynlighetsregning fra et matematisk synspunkt er ekvivalent med kinematikk, mens statistikken kan assosieres med dynamikk.

Vi gjør dette skillet for å understreke at sannsynlighetsregningen i all sin generalitet behandler strømninger i et felt uavhengig av de enkelte partiklers masse, mens et realisert eksperiment, hvor man faktisk sampler fra en populasjon, spiller de individuelle massene en vesentlig rolle.

Hensikten med denne begrepsassosiasjonen er å kunne betrakte en stokastisk prosess som vekselvis en trasé for en partikkel i et vektorfelt på en slik måte at vi kan studere fenomenene fra en kinematisk vinkel hvor vi kun har med kinetisk energi, og vekselvis fra en statisk vinkel hvor kun den potensielle energien observeres. Den mekanistiske betraktningsmåten benyttes i kapitlet om filterteori. Spesielt er den viktig i endelig-element-betraktningene, og i splineteorien med det såkalte Bézierfilteret.

På neste side følger en tabell som viser den matematiske sammenhengen mellom sannsynlighetsregning, kinematikk og statikk.

Sannsynlighetsregning	Kinematikk	Statikk
sannsynlighet P	kinetisk energi	potensiell energi
stokastisk variabel X	hastighet	kraft
sannsynlighetstetthet	energitetthet	feltstyrke
distribusjonsfunksjon	energidistribusjon	kraftkonsentrasjon
P(a<X<b)	gjn. fart mellom a og b	arbeid fra a til b
forventning	total gjn. fart	midlere styrke
varians	2. ordens moment	2. ordens moment

1.4 Litteraturstudium

I rapporten har vi forsøkt å følge prinsippene om matematisk abstraksjon og fysisk konkrethet, og i begge henseende er hensikten å formidle kompakthet og intuisjon.

Et forholdsvis intenst litteraturstudium har vært nødvendig under arbeidet med programmering av trackingalgoritmer. Av hensyn til eventuell videre forskning har jeg referert de verker jeg har hatt særlig god nytte av. Spesielt vil jeg nevne referansene fra [10] til [15] som har gitt stoffet et noe videre perspektiv.

2 TRACKING

Løvli [3] har på basis av Blackman [1] gitt en konseptuell oppsummering av de prinsipper som benyttes i en målfølgingsmodell for den som måtte ønske å rekapitulere trackingens anvendelse på radar og en pragmatisk fortolkning av trackingprosessen. Her skal vi ganske kort presentere de begrepene som er sentral for en simulering av prosessen.

En matematisk simuleringsmodell kan konstrueres enten fra et logisk eller et analytisk standpunkt, dvs enten ved rekursjonsteori eller ved dynamiske systemer. Vi kommer til å benytte begge strategier, men vil i dette innledende kapittelet om generell tracking og trackingparametre følge en logisk linje.

Kapittelet er strukturert i tre hoveddeler.

Den første delen omhandler konstruksjon og analyse av trackingen, her bestemt som en matematisk avbildning. I denne hoveddelen behandler vi definisjonen av tracking, dekomposisjon og produktdannelse av en multitracking.

Den andre hoveddelen går mer detaljert til verks når det gjelder konkrete problemparametre vi ønsker prosessen skal være robust overfor.

Siste del beskjeftiger seg med evaluering av forskjellige trackingvarianter. Vi prøver på denne måten å belyse hvor de konkrete vanskelighetene vil dukke opp i valg av feedbackmekanisme (se nedenfor) og senere implementasjon av hele maskineriet.

2.1 Definisjon

Tracking, eller målfølging som man gjerne kaller det på norsk, er matematisk sett en avbildning fra mengden av sensorinformasjon over et kompakt tidsintervall til en kompakt mengde målpunkter ("tracks").

Vi skal modellere ut fra et TWS–prinsipp, dvs at all observasjonsinformasjon presenteres jevnlig som input til avbildningen. Vi avbilder med andre ord en følge med delmengder fra et vektorrom V gjennom trackingavbildningen ϕ på et endelig antall punkter i det samme rommet V.

Potensmengden $P(V)$ er en boolsk algebra under vanlig snitt og union. Under disse operasjonene er den også et gitter (ty. Verband, eng. lattice [12]) , dvs en partiell ordning med supremum og infimum lokalt til hvert par av punkter. Av notasjonshensyn setter vi $A = P(V)$.

Vi definerer

$$\phi_t : A \rightarrow A \tag{2.1}$$

hvor ϕ_t er en prosess, dvs en familie av funksjoner som altså avbilder potensielt ubegrensede mengder informasjon ned på noe endelig.

Funksjonene ϕ_t er gitter–automorfier. Med andre ord: For et par A, B med i A så fins det et par C, D med i A slik at $\phi(A)$ ligger mellom C og D, og $\phi(B)$ ligger mellom C og D. Funksjonene indeksert over t definerer en kurve av funksjoner i funksjonsrommet $Hom(A,A)$.

Ordet "tracking" vil nedenfor bli brukt synonymt med avbildningen ϕ. Elementene i verdi-mengden betegnes "tracks". Ethvert track kan også ha et attributt som angir hvilken tilstand det befinner seg i.

2.2 Dekomposisjon

En tracking er en sammensatt prosess. Vi dekomponerer den i tre hoveddeler.

a) Korrelasjon

b) Oppdatering

c) Feedback

Vi antar at input til den totale prosessen kommer i entydig form, dvs hvert observert mål har entydige koordinater i V.

La oss betegne korrelasjonen

$$\kappa : A \times B \times C \to A \times B, \tag{2.2}$$

hvor B og C er tilsvarende algebraer, oppdelingen

$$\omega : A \times B \to A \times B, \tag{2.3}$$

og feedbacken

$$\psi : A \times B \to C. \tag{2.4}$$

Vi lar videre *im* være imbeddingen fra A til $A \times B \times C$, og π være projeksjonen fra $A \times B$ til A. De-komposisjonen kan representeres ved hjelp av følgende diagram:

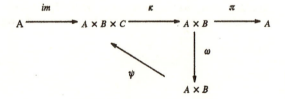

Matematisk presiserer vi dekomposisjonen på følgende måte:

For alle strengt monotone følger $T \subseteq [0, \ t)$ med start i 0,

$$\phi_0(x) = im(\xi_0(x)) \tag{2.5}$$

$$\xi_0(x) = \omega(\kappa(x)) \tag{2.6}$$

$$\xi_t(x) = \omega(\kappa(\psi(\xi_s(x)))) \tag{2.7}$$

hvor $s = sup\ (\ T\ )$,

$$\phi_t(x) = \pi(\xi_t(x)). \tag{2.8}$$

Denne definisjonen er velstilt dersom ω, κ, ϕ er velstilte da injektivitet og kontinuitet lar seg overføre ved endelige komposisjonsprodukter.

2.2.1 Korrelasjon

Korrelasjonskomponenten er en avbildning fra $A \times B \times C$ på mengden av akseptabel inputinformasjon for oppdateringskomponenten. Den første komponenten i mengdeproduktet gir sensor-input, mens den andre gir feedback–input. Den tredje fungerer som hukommelse for avbildningen.

Initielt, ved tiden t_0, har prosedyren intet feedback. De første sensordata brukes følgelig til å etablere de første tracks.

Sekvensielt, ved tiden t_k, skal nå feedbackkomponenten angi et n–tuppel av søkeområder, dvs n åpne kuler i V, hver kule assosiert med et track fra tiden t_{k-1}.

Korrelasjonskomponentens oppgave ved tidpunkt t er følgelig å beregne snittet av sensorinformasjonen og feedbackinformasjonen.

Dersom det avbildes flere sensordata inn i samme feedbackkule, identifiseres disse enten med tyngdepunktet for informasjonen eller med sensorpunktet som ligger nærmest tyngdepunktet for kulen.

Dersom vi kaller denne tilordningsfunksjonen θ kan vi nå beskrive korrelasjonen som

$$\kappa(A, B, C) = (A \cap \theta(C), B). \tag{2.9}$$

Det kan bemerkes at vi ikke behøver å begrense oss til feedback i form av kuler, et tuppel åpne konvekse legemer gjør samme nytten. Praktiske implementasjoner bruker ofte ellipsoider.

Vi ser forøvrig korrelasjonens velstilthet står i direkte korrespondanse med velstiltheten av tilordningsfunksjonen θ.

2.2.2 Oppdatering

Oppdateringsfunksjonen er en avbildning fra $A \times B$ til $A \times B$. Den første komponenten beskriver selve tilordningen av trackenes attributter, mens den andre kun fungerer som hukommelse for funksjonen. Med andre ord er oppdateringsfunksjonens annen komponent en identitetsfunksjon.

Oppdateringsfunksjonen har til hensikt å påvirke trackenes attributtfunksjoner. I avskjærings-
modellen lar vi et tracks tilstand gjennomgå stadier POSSIBLE (første gangs registrering – me-
get usikkert om dette er støy eller et mål), PENDING (observert noen flere ganger – det er et
mål, men vi vet ennå ikke hvilket), IDENTIFIED (har bestemt oss for kjenning), DELETED
(et track har ikke blitt bekreftet på en stund og må fjernes).

Oppdateringsfunksjonen har følgelig også ansvar for oppdatering av hukommelsesstrukturen.
Komponent B oppdateres med hensyn på tracks som etableres eller fjernes. De resterende punk-
ter gjøres det ingenting med, da de oversendes feedbackmekanismen.

2.2.3 Feedback

Feedbackfunksjonen kan dekomponeres i tre enheter.

Første del har ansvaret for, gitt informasjon i B uavhengig av informasjon i A, å estimere infor-
masjonen i A.

Annen del skal så veie disse punktvise informasjonsmengdene mot hverandre og avbilde hvert
par av punkter inn på ett.

Tredje del genererer så omegner om hvert enkelt punkt. Denne siste prosessen kalles forøvrig
"gating" i trackingterminologien.

Som man ser, så er det feedbackmekanismen som er cruxet i en tracking. I neste kapittel skal vi
se på lineær estimering som vil gi optimale estimater dersom vi tracker mål som beveger seg
lineært, noe de dessverre ikke gjør bestandig.

Filtrering og gating behandles så samlet i det derpåfølgende kapittel.

2.3   Multitracking

Vi skal se på to typer generalisert målfølging, henholdsvis sentral tracking og sensor tracking.

2.3.1 Sentral tracking

Gitt n algebraer med sensordata, representert som et n–tuppel i det kartesiske produkt

$$X = \prod_{i=1}^{n} A_i, \tag{2.10}$$

hvor A_i er en algebra som angitt tidligere. La nå en avbildning

$$\Xi : X \rightarrow A \tag{2.11}$$

være gitt ved at

$$\Xi(x_1, x_2, \ldots, x_n) = \bigcap_{i=1}^{n} x_i \tag{2.12}$$

for alle tupler i X.

En sentral tracking defineres da som en avbildning

$$\Phi_1 : X \to A \tag{2.13}$$

gjennom komposisjonsproduktet

$$\Phi_1 = \phi \bigcirc \Xi. \tag{2.14}$$

2.3.2 Multippel sensor tracking

La X være gitt som ovenfor og la

$$Y : X \to X \tag{2.15}$$

være gitt gjennom

$$Y = (\phi_1, \phi_2, ..., \phi_n) \tag{2.16}$$

hvor ϕ_i er en tracking fra A_i til A_i. Da definerer vi den multiple sensor trackingen som

$$\Phi_2 = \phi \bigcirc \Xi \bigcirc Y \tag{2.17}$$

hvor ϕ er en tracking.

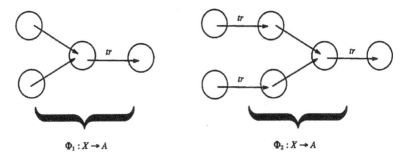

Figur 2.1   Diagrammene ovenfor illustrerer den funksjonsteoretiske forskjellen i de respektive multitrackingmetoder. Trackingkomponentene i totalfunksjonen er symbolisert med "tr"-piler.

Begge metodene har sine styrker og svakheter. En fundamental vanskelighet med sensor tracking er å avgjøre om to nærliggende tracks, rapportert fra to forskjellige sensorer, representerer det samme målet. En metode for å redusere risikoen for feilkorrelasjon er å innføre en multidimensjonal avstand som er multidimensjonal gaussfordelt og dermed gi en viss punktsannsynlighet på om trackene representerer det samme målet.

2.4   Problemparametre

I denne seksjonen forlater vi konstruksjonsproblemet som sådan og retter istedet oppmerksomheten mot problemer eksternt i forhold til selve trackingen.

Det er særlig tre typer situasjoner som skaper problemer, nemlig mål som kun er partielt tilstede i sensordata, mål som danner cluster–dannelser og skarpe manøvreringer av mål.

2.4.1   Partielt tilstedeværende mål

Anta at vi i en 3–D simuleringsmodell har representert topografien ved hjelp av en matematisk flate med sterkt varierende gradienter. Måldata, tenkt som flyvende punkter i dette landskapet, vil kunne delvis skjule seg ved å fly lavt.

Avskjæringsmodellen er imidlertid to–dimensjonal, så med mindre man velger å rekonstruere hele modellen slik at den også inneholder høydeinformasjon og topografi, er det vanskelig å simulere dette problemet. Vi antar at topografien er tilstrekkelig oversiktlig i det geografiske området hvor vi ønsker å eksperimentere, så vi velger å la dette problemet ligge.

2.4.2   Tette formasjoner

Hva som er tett og hva som ikke er tett er relativt portstørrelsen, dvs diameteren til de kuler som omgir hvert track.

En mulig strategi for å hindre at trackingfunksjonene miskorrelerer, dvs assosierer feil mål med feil track er å adaptivt justere porten i forhold til avstanden mellom trackene.

I innledningsforedraget nevnte vi den komplementære sammenhengen mellom dynamikk og kinematikk. Om man tracker bevegelige punkter i et landskap som står i ro eller om man tracker punkter som står stille i et bevegelig landskap er kun avhengig av hvor man plasserer koordinataksene.

I avskjæringsmodellen har vi sensorer plassert både på bakken og i egne fly. De bakkebaserte sensorer vil da tracke bevegelige mål, mens luftbaserte sensorer observerer bevegelsen i forhold til sin egen bevegelse. Dersom vi kjenner egen bevegelse er det imidlertid entydig korrespondanse mellom de to referansesystemene.

Stabilitet for trackingsystemet vil være et problem når vi skal separere mellom objekter i tette formasjoner. Vi kan definere en trackingtopologi på målrommet ved å benytte klassen av alle konstruerbare porter som en subbasis. Med andre ord definerer vi en topologi τ ved å starte med klassen av porter $\{U_i\}$ og så lukke denne under endelig snitt og vilkårlig union. Topologien for klusterrommet er så snittet av klusteralgebraen (potensmengden av klustere) og τ. La oss kalle denne topologien for σ. Dersom rommet av observasjoner er begrenset av lengde– og breddegrader må σ være kompakt. Den vil også være sammenhengende da σ ikke lar seg spalte i to åpne disjunkte delstrukturer. Hausdorffkravet, dvs at alle to disjunkte punkter kan adskilles i to disjunkte åpne mengder er imidlertid vanskeligere å tilfredstille.

Da Hausdorffegenskapen er invariant under kontinuitet kan vi konstatere at filterets evne til å beholde kontrollen over tracks i en viss presis forstand er med på å bestemme dets stabilitet. En umiddelbar konsekvens av dette er at ethvert system som opererer med porter med minimal diameter ikke kan være stabilt. Dette er et forholdsvis alvorlig krav. Dersom portradius bestemmes ut i fra korrelasjonsmatrisen for et Kalmanfilter ser vi at formasjonsproblemet står i direkte korrespondanse med estimeringsproblemet, og med mindre vi gjør estimater med 100% konfidensintervall vil trackingalgoritmen være ustabil.

Vi betrakter imidlertid problemet med de manøvrerende mål som det primære i vår modell og vil la formasjonsproblemet ligge inntil videre. Med andre ord setter vi en begrensning på problemet ved at objekter alltid vil befinne seg i en minsteavstand fra hverandre slik at formasjonsproblemet ikke vil inntreffe.

2.4.3 Manøvrerende mål

Målene i avskjæringsmodellen beveger seg stykkevis lineært, og som vi skal se i senere kapitler vil knekkpunkter i bevegelsen skape problemer for den lineære estimeringen og videre skape singulariteter i enkelte ellers kontinuerlige filtreringsavbildninger.

Ved å bruke samme topologi som antydet i subseksjon 2.4.2 skal vi vise at manøvreringsproblemet har med sammenhengen å gjøre i det topologiske rommet σ. Anta et objekt $x(t)$ blir identifisert som et track ved tiden $t=0$. Vi antar så at det stadig befinner seg innenfor trackerens rekkevidde, men kan gjøre manøvreringer beskrevet ovenfor. Ved tiden t befinner objektet seg i posisjon $x(t)$. Å tracke x på tidintervallet $[0, t)$ betyr således at vi har en σ–sammenhengende kurve i rommet av tracks. Dette er ekvivalent med at vi kan lage et kuletog i dette rommet, eller at prediksjonsalgoritmen er kontinuerlig på samme måte som i formasjonsproblemet. Igjen ser vi at trackingsystemets stabilitet er totalt avhengig av valg av filtreringsalgoritme.

2.5 Evalueringsmetoder

Vi skal her løselig nevne to evalueringsregimer for simulert tracking.

For å skaffe seg en kvantitativ oversikt over i hvilken grad det er samsvar mellom målets og trackets bevegelse kan man gjøre N eksperimenter, samle data, og beregne kovariansen. Dette forutsetter at man simulerer på en slik måte at det er mulig å hente informasjon om begge disse størrelsene.

En annen usikkerhet er knyttet til trackingens evne til å bestemme riktige atributter til et track. En metode for å analysere dette er å benyttet Markovkjeder for å lage en statistisk analyse av trackingtilstandene. Man kan således observere hvor robust tilstandstilordningen er overfor parameterstøy i det lange løp.

Disse teknikkene brukes gjerne i forbindelse med Monte Carlo-simuleringer. Man evaluerer med andre ord ved å gjøre en rekke simuleringer, samle inn statistikken fra disse og så bruke statistisk analyse på dette tallmaterialet. Det skulle også være mulig å benytte metodene sammen med "de store talls lov" og foreta en analytisk evaluering med hensyn på spesielle konstruerte situasjoner.

3   LINEÆR ESTIMERING I DYNAMISKE SYSTEMER

Hensikten med dette kapittelet er å gi en mer detaljert beskrivelse og oversikt av estimerings-
komponenten i trackingens feedbackmekanisme. Kapittelet er delt i to.

Første del behandler lineær estimering isolert. Annen del behandler estimering i dynamisk sys-
tem. Med dette håper vi å få presentert forutsetningene for utvalget av filtere og filteralgoritmer
på en logisk og kompakt form.

3.1   LINEÆR ESTIMERING

Vi skal vise at lineær estimering kan representeres som ortogonalprojeksjon i Hilbertrom. Sek-
sjonen deles i tre deler. Først definerer vi et Hilbertrom over mengden av stokastiske variable.
Deretter behandler vi estimatorer som stokastiske prosesser, og viser i tredje del at disse proses-
sene kan defineres på en slags induktiv måte.

3.1.1 Stokastisk prosess

Når vi nå skal beskrive stokastiske prosesser går vi gjennom abstraksjoner. Vi starter med et
sannsynlighetsrom, definerer stokastiske variable over dette, og genererer et Hilbertrom over
disse. Prosessene kan man følgelig se på som kurver i Hilbertrommet. La oss begynne med
fundamentene.

Et sannsynlighetsrom er et tuppel (Ω, A, P) hvor Ω er en mengde av elementære utfall fra et sto-
kastisk eksperiment, A er en σ–algebra (dvs en underalgebra lukket under tellbare operasjoner)
på Ω som sammen med målfunksjonen P fra A til kontinumet $[0, 1]$ gjør det mulig å måle alle
interessante delmengder av Ω på en slik måte at P er en gitter–homomorfi hvor $P(\emptyset) = 0$ og
$P(\Omega) = 1$.

En stokastisk variabel definerer vi som en målbar avbildning fra Ω på de reelle tall. I pakt med
innledningskapittelet velger vi å se på X som en imbedding av et legeme Ω med total masse en i
rommet R. Distribusjonsfunksjonen F assosiert med X er da et indusert mål på R. Dette målet
kalles ofte et Lebesgue–Stieltjes–mål assosiert med X (se forøvrig [15]). Begrepene kan illust-
reres mer kompakt ved hjelp av et kommutativt diagram. Symbolet I står for enhetsintervallet
$[0, 1]$.

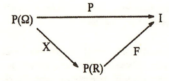

Figur 3.1   *Standard målstruktur for sannsynlighetsregningen. I diagrammet assosieres X med
en mengdeavbildning, og vi ser at mengdeavbildningen induserer et mål F på R.*

Vektorielle stokastiske variable

$$X : \Omega \to R^n \tag{3.1}$$

defineres på samme måte som de enkle. Notasjonen X vil bli brukt om begge situasjoner, og det vil komme frem av konteksten hva slags variable vi benytter dersom dette ikke er likegyldig.

En stokastisk prosess er en familie stokastiske variable X_t indeksert over en velordnet mengde T, dvs en mengde utstyrt med lineær ordning og et minste element, som vi forøvrig assosierer med tiden. I samsvar med konvensjoner innenfor kybernetikken bruker vi både små og store latinske bokstaver om prosesser. Store X brukes gjerne i sammenhenger hvor sannsynlighetsregningen ønskes fremhevet, mens lille x brukes i sammenhenger hvor de dynamiske aspektene er viktigere.

For å unngå å repetere oss selv definerer vi begreper

a) midlerere prosess: $m(t) = E(X_t)$

b) sentrert prosess: $Y_t = X_t - m(t)$

c) kovariansfunksjon: $r(s,t) = E(X_t - m(t))(X_s - m(s))$

Forholdet mellom vanlig prosess og sentrert prosess er som forholdet mellom affin og lineær geometri.

Et Hilbertrom er et komplett lineært rom med indreprodukt, dvs for alle Cauchy-følger over rommet m.h.p. indreprodukt–topologien fins det et entydig opphopningspunkt.

Vi observerer at mengden av stokastiske variable er et lineært rom H da summen og skalarproduktet med stokastiske variable også er en stokastisk variabel. Dersom vi gir rommet et indreprodukt

$$(X, Y) = E(XY) \tag{3.2}$$

og begrenser oss til å studere mengden av de sentrerte X med begrenset varians,

$$\| X \|^2 = E(X^2) < \infty, \tag{3.3}$$

kan man vise at H er et Hilbertrom.

Vi ser nå at en stokastisk prosess er en kurve i H. Denne kurven er kontinuerlig dersom X_t er kontinuerlig i kvadratisk middel, dvs

$$|t - s| \to 0 \quad \Rightarrow \quad \| X_t - X_s \| \to 0. \tag{3.4}$$

Høyresiden er ekvivalent med at $E(X_t - X_s)$ går mot null.

18

Kontinuitet i kvadratisk middel, dvs kontinuitet med hensyn på indreproduktet i H, kan visualiseres slik vi gjør i figur 3.2.

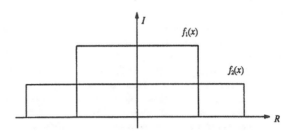

Figur 3.2   En kontinuerlig kurve fra X_1 til X_2 kan visualiseres som en homologi mellom de assosierte sannsynlighetsdistribusjonene.

Da metrikken på H ikke skiller mellom forskjellige sannsynlighetsfordelinger kan vi for enkelhets skyld visualisere alle distribusjoner som uniforme.

Hilbertrommene er de funksjonalrom som minner mest om de euklidske vektorrom. Alle linjer i dette rommet går gjennom origo og er karakterisert gjennom den vinkel de danner med hverandre, dvs indreproduktet. Indreproduktet generer også en norm ad kanonisk vis slik at topologien på H danner en Borel σ–algebra og muliggjør integrasjon og derivasjon.

I praksis betyr dette at H danner en geometri hvor vi kan gjøre konstruksjoner med passer og linjal, og representerer kurver som er opphopningspunkt for polygonfølger.

3.1.2 Lineær estimering som projeksjoner

Konseptuelt ønsker vi å se på X i H som en kraft med styrke og retning.

Anta vi ønsker å påvirke et stivt legeme med bestemt styrke og retning men ikke disponerer noen kraft som går nøyaktig i denne retningen. Det beste vi kan gjøre er å veie de disponible kreftene på en slik måte at resultantkraften blir den best mulige approksimasjon til målkraften. Ved hjelp av geometrien kan man se at den beste approksimasjon er projeksjonen av målkraften på rommet av disponible krefter.

Strategien beskrevet ovenfor lar seg overføre til et vilkårlig Hilbertrom:

Den beste approksimasjonen til et element X i H fra et lukket underrom M må være projeksjonen av X på M.

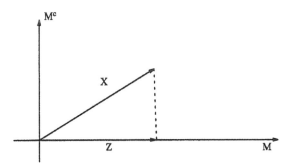

Figur 3.3   Visualisering av projeksjonsprinsippet. Hilbertrommet H er representert gjennom planet R².

La oss definere en familie underrom W_t av H ved

$$W_t = span\{X_s : 0 \leq s \leq t\}. \tag{3.5}$$

Vi observerer at W_t genererer en voksende familie av rom slik at

$$\lim_{t \to \infty} W_t = W = span\{X_s : s \geq 0\}. \tag{3.6}$$

Dersom W_t er lukket i W og W lukket i H vet vi at den beste estimatoren for en stokastisk variabel Y er projeksjonen på underrommet W utspent av observatorene X_t.

Det er imidlertid nok å registrere at dersom vi har med kontinuerlige prosesser å gjøre må de ønskede underrommene være lukkede på både [0, t] og [0, ∞) er lukkede mengder på den reelle tallinjen.

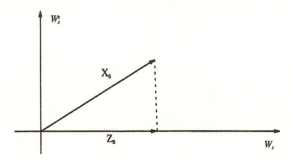

Figur 3.4   *Projeksjon av stokastiske prosesser illustreres på samme måte som ved stokastiske variable. Rommet $W_s = W_s^Y$ er det lineære underrommet assosiert med observasjonsprosessen, det vil si spennet av alle observasjoner Y_t hvor t er mindre eller lik s.*

Endeligdimensjonale Hilbertrom er isomorfe med euklidske rom slik at man kan dekomponere den stokastiske variable Y i H entydig i komplementære underrom W og W^c ved først å projisere Y på W og deretter bruke Gram–Schmidt prosess for å konstruere W^c–komponenten. Denne metoden kan generaliseres til separable Hilbertrom, men er kjent for å være numerisk ustabil. Vi er derfor på jakt etter en alternativ måte å genere ortogonalbasis. Figuren nedenfor illustrerer en signalprosess X_t og en observasjonsprosess Y_t i et rom hvor det er mulig å konstruere en såkalt innovasjonsprosess Z_t for estimeringen.

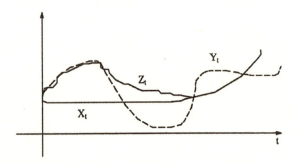

Figur 3.5   *Prinsippskisse av lineær prosessestimering.*

3.1.3 Ortogonalt inkrement

Vi ønsker nå å konstruere en prosess som adaptivt estimerer en signalprosess gitt en observasjonsprosess.

Konstruksjonen av en slik prosess velger vi å gjøre i to trinn. Først introduserer vi et par definisjoner og et teorem i tilknytning til begrepet ortogonalt inkrement, og senere skal vi realisere prosessen under navnet "innovasjonsprosess".

<u>Definisjoner:</u>

Vi kaller en prosess X_t i Hilbertrommet H en ortogonal inkrementell prosess dersom vi for alle disjunkte intervaller (a, b), (s, t) i (0, ∞) har at

$$< X_b - X_a , X_t - X_s > = 0. \tag{3.7}$$

Videre sier vi at en prosess X_t er stasjonær inkrementell hvis variansen til inkrementet $(X_t - X_s)$ er kun avhengig av avstanden mellom s og t. Det kan vises at denne egenskapen impliserer Pytagoras læresetning uniformt på hele prosessen, med andre ord

$$\| X_t + X_s \|^2 = \| X_t \|^2 + \| X_s \|^2 \tag{3.8}$$

$$\| X_0 \| = 0 \tag{3.9}$$

for alle s, $t > 0$.

Vi definerer rommet W_t^x til å være det lineære rommet utspent av den stasjonære ortogonale prosessen X_t. Rommet kaller vi et Krylov-underrom av H. Dersom det ikke er tvil om hvilken prosess vi snakker om bruker vi notasjon W_t.

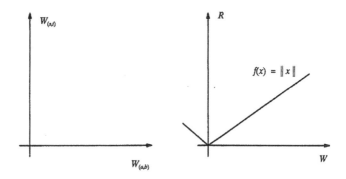

Figur 3.6   Illustrasjon av Krylov-underrommet W_t. Venstre figur illustrerer (3.7). Legg merke til at a=0, b=s, t som gjennomløper en monotont voksende følge på [0, 1] og diskrete stokastiske variable gir en innovasjonsfølge og basis for Krylov-underrommene assosiert med en konjugerte gradienters metode (se [6]).
Høyre figur illustrerer (3.8) og (3.9).

<u>Stasjonær ortogonal inkrementell prosess teoremet:</u>

Til slutt et viktig teorem (proposisjon 3.4.6 Davis [2], side 95): Dersom Y_t er en prosess med stasjonært ortogonalt inkrement, så er det beste lineære estimatet assosiert med en stokastisk variabel X gitt W_t projeksjonen $P_t(X)$ på W_t. Denne projeksjonen tar formen

$$Z_t = \int_0^t (\frac{d}{ds} E(XY_s)) dY_s. \tag{3.10}$$

3.2 DYNAMISKE SYSTEMER

Denne seksjonen er delt inn i to hovedunderseksjoner. Først en studie av estimering i dynamiske systemer formulert gjennom innovasjonsprosessen. Kalman filteret kan realiseres som et spesialtilfelle av dette.

3.2.1 Definisjoner

Vi antar at leseren kjenner de elementære begreper for dynamisk systemteori, sml. forøvrig [5]. Med et dynamisk system mener vi et system av differensiallikninger

$$D_t x_t = f(x_t, u_t, v_t) \tag{3.11}$$

som modellerer en fysisk prosess hvor x_t er tilstandsvariable, u_t er kontrollvariable og v_t er stokastisk støy variable. Dersom f er lineær skriver vi

$$f(x_t, u_t, v_t) = A(t)x_t + B(t)u_t + C(t)v_t \tag{3.12}$$

hvor A, B og C er matriser med tidsavhengige komponenter.

Et lineært system kan assosieres med en lineær automorfi L på $V \times V \times H$ hvor V er et lineært rom utspent av kontrollvariable, de deterministiske tilstandsvariable og differensialene av disse. Figur 3.7 illustrerer ideen.

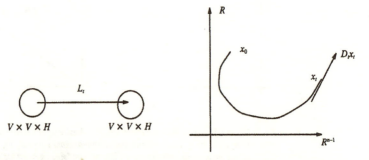

Figur 3.7   Venstre side illustrerer hvordan fronten av kurven styres fremover på høyre side gjennom samspillet mellom den tidsderiverte kontroll–linjen og kurven generelt.

Hvit støy

Vi ønsker å konstruer en prosess som tilfredstiller følgende krav:

a) $\{\zeta_t\}$ er en normal prosess

b) $\text{var}(\zeta_t) = \infty$

c) $\text{cov}(\zeta_t, \zeta_s) = 0$ for t ulik s.

En prosess som tilfredstiller disse kravene lar seg imidlertid ikke definere, da ingen grensefølge kan konvergere mot noe punkt i rommet av kvadratisk kontinuerlige stokastiske prosesser. Denne vanskeligheten løses vanligvis ved å betrakte ζ_t som en Schwartzdistribusjon.

Dersom ν_t er grensepunktet for en følge gaussiske prosesser med voksende varians og som konvergerer mot ζ_t i distributiv forstand kaller vi prosessen for hvit støy.

Brownsk bevegelse (Wienerprosess)

En Wienerprosess W_t er prosessen definert som en sentrert prosess $\{W_t : t \geq 0\}$ med stasjonært normalt uavhengig inkrement. Det kan vises at slike prosesser er kontinuerlige, har ubegrenset totalvariasjon (fluktuerer ekstremt raskt slik at den har uendelig lengde) og er ikke differensiabel i noe punkt. Man kan vise at det ubestemte integralet av hvit støy,

$$w_t = \int_0^t \zeta_s ds, \tag{3.13}$$

er en Wienerprosess.

Stokastiske differensiallikninger

Dersom den stokastiske prosessen i (3.11) er hvit er ikke likningen veldefinert. Ved å assosiere likningene med et integrallikningsproblem slik at vi får brukt (3.13) får vi et fornuftig problem.

$$x_t - x_0 = \int_0^t A(s)x_s ds + \int_0^t B(s)u(s)ds + \int_0^t C(s)\zeta_s ds \tag{3.14}$$

Ved å bruke (3.13) får vi den enklere formen

$$x_t - x_0 = \int_0^t A(s)x_s ds + \int_0^t B(s)u(s)ds + \int_0^t C(s)dw_s. \tag{3.15}$$

La oss løse et analogt problem for en annen u_t. Ved å trekke de to løsningen fra hverandre får vi en likning som er formelt lik (3.15) bortsett fra at den mangler det midterste leddet på høyre side. Uten tap av generalitet kan vi altså begrense oss til å studere problemer på formen

$$x_t - x_0 = \int_0^t A(s)x_s ds + \int_0^t C(s)dw_s.$$

(3.16)

Med forenklet notasjon skriver vi

$$dx = A(t)x_t dt + C(t)dw_t.$$

(3.17)

3.2.2 Innovasjonsprosess

Anta vi har en signalprosess $\{z_t\}$, en ortogonal inkrementell prosess $\{w_t\}$ og en observert sammenheng

$$y_t = \int_0^t z_s ds + w_t.$$

(3.18)

Vi bemerker at dersom w_t er en Wienerprosess er (3.18) en stokastisk differansiallikning med hvit støy.

Vi innfører følgende definisjoner:

La $\{z_t : t \geq 0\}$ og $\{w_t : t \geq 0\}$ være $n-$ og r–vektorielle prosesser, og la $G(t)$ være en $n \times r$ matrise $(r \geq n)$ med elemter som er stykkevis kontinuerlige funksjoner av tiden t. Anta videre at følgende holder:

a) $\{w_t\}$ er en stasjonær ortogonal inkrementell prosess

b) $\{z_t\}$ er en annen ordens kontinuerlig prosess i kvadratisk middel.

c) Krylov-underrommene assosiert med $\{w_t\}$ og $\{z_t\}$ er innbyrdes ortogonale.

d) For alle $t \geq 0$ er $G(t)G(t)^T$ strengt positivt definitt.

Vi definerer så

$$y_t = \int_0^t z_s ds + \int_0^t G(s)dw_s$$

(3.19)

og lar P_t^y være projeksjonsoperatoren surjektivt på W_t^y. La videre

$$\hat{z}_t = P_t^y z_t$$

(3.20)

og

$$\tilde{z}_t = z_t - \hat{z}_t. \tag{3.21}$$

Innovasjonsprosessen defineres da som

$$v_t = y_t - \int_0^t \hat{z}_s ds. \tag{3.22}$$

Alternativt kan vi skrive prosessen på formen

$$dv_t = dy_t - \hat{z}_t dt \tag{3.23}$$

eller

$$dv_t = \tilde{z}_t dt + G(t)dw_t. \tag{3.24}$$

Det kan vises (se [2] side 119 fl.) at v_t tilfredstiller følgende egenskaper:

a) For alle s og alle t > s gjelder det at $v_t - v_s$ står ortogonalt på H_s^y.

b) $\text{cov}(v_t)$ er lik integralet fra 0 til t over $G(s)G(s)^T$.

c) For hver t er Krylov-underrommene assosiert med y_t og v_t identiske, dvs prosessene utspenner de samme lineære underrommene.

I resten av notatet vil vi referere til egenskapene (a) – (c) som innovasjonsteoremet.

3.2.3 Kalmanfilter

Kalmanfilteret er et rekursivt skjema for å estimere tilstanden x_t for et dynamisk system representert ved hjelp av en lineær stokastisk likning

$$dx_t = A(t)x_t dt + C(t)dv_t, \quad x_0 = x \tag{3.25}$$

gitt en observert prosess y_t på formen

$$dy_t = H(t)x_t dt + G(t)dw_t, \quad y_0 = 0. \tag{3.26}$$

Prosessene v_t og w_t er ortogonale inkrementelle prosesser som utspenner Krylov-underrom slik at den initielle stokastiske variable x står ortogonalt på begge disse prosessene. Dersom disse prosessene er normale, så vil den siste likningen representere hvit støy på formen

$$D_t y_t = H(t)x_t + G(t)\xi_t. \tag{3.27}$$

Når det gjelder de stokastiske differensiallikningene antar vi i tillegg følgende: Prosessene v_t og w_t har stasjonært ortogonalt inkrement, de respektive Krylov-underrommene er ortogonale, og den initielle stokastiske variabel er ortogonal på produktet av disse rommene. Videre skal elementene i matrisene A, C, H, G være stykkevis kontinuerlige funksjoner av tiden t. Prosessene x_t, y_t, v_t og w_t har dimensjon n, m, l, r respektivt. I tillegg skal matriseproduktet $G^T G$ være positivt definitt for alle t.

Den filtrerte feilen er z_t, svarende til differansen mellom prosessen x_t og estimatet for denne prosessen, $z_t = x_t - e_t$. Innovasjonsprosessen svarende til (3.14) er

$$dv_t = dy_t - He_t dt = Hz_t dt + Gdw_t. \tag{3.28}$$

Hovedresultatet i Kalmanfilterteorien er formelen som sier hvordan estimatet e_t kan beregnes. Det lyder som følger:

Under antagelsene ovenfor så vil estimatet e_t tilfredstille den lineære stokastiske differensiallikningen

$$de_t = (A - PH^T(GG^T)^{-1}H)e_t dt + PH^T(GG^T)^{-1}dy_t \tag{3.29}$$

$$e_0 = E(x) = m_0. \tag{3.30}$$

Hvor $P(t) = E(z_t z_t^T)$ er feilkorrelasjonsmatrisen som tilfredstiller matrise formen av Riccati likningen

$$D_t P = CC^T - PH^T(GG^T)^{-1}HP + AP + PA^T \tag{3.31}$$

$$P(0) = cov(x) = P_0. \tag{3.32}$$

Vi skal i senere kapitler se på konkrete applikasjoner av dette filteret, dvs konstruksjon av spesifikke filter gitt en konkret dynamisk modell.

3.2.4 Eksempler

<u>Statistisk eksperiment som tidsdiskret prosess</u>

Anta vi ønsker å måle en fysisk størrelse μ. Størrelsen er av deterministisk karakter, men ikke er direkte tilgjengelig. Vi antar på den annen side at vi kan innhente kunnskap om fenomenet ved kvalifiserte gjetninger, dvs målinger med fysisk instrument. La

$$Y_1, Y_2, \cdots, Y_n \tag{3.33}$$

være n målinger (observasjoner) av μ ved tidspunktene

$$0 = t_1 < t_2 < \ldots < t_n = 1. \tag{3.34}$$

Vi definerer en konstant stokastisk prosess $X_t = X$ på $[0, 1]$, hvor X er en stokastisk variabel med forventning μ og varians σ^2. Vi antar videre at observasjonene har forventning μ, er uavhengige og har begrenset varians.

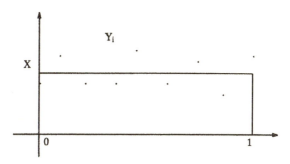

Figur 3.8   Statistisk eksperiment som diskret stokastisk prosess på enhetsintervallet.

La oss anta at Y_i er normalfordelte. Uten tap av generalitet kan vi anta at observasjonsprosessen, dvs observasjonene som en familie over tidspunktene (3.34), er samplet fra en hvit støy prosess. Den diskrete observasjonsprosessen kan følgelig utvides til en kontinuerlig prosess

$$Y_t = X + \zeta_t \quad t \in [0, 1]. \tag{3.35}$$

Vårt problem kan formuleres som:

Finn den beste estimator av X gitt $\{Y_t : 0 \leq t \leq 1\}$. $\tag{3.36}$

Dette problemet er ikke velstilt, da den hvite støyen i (3.35) ikke lar seg representere som et indre punkt i Hilbertrommet H av midlere kontinuerlige stokastiske variable. Støyen kan imidlertid representeres i dualrommet H^*, dvs mengden av alle lineære funksjonaler på H. Hilbertrommet H kan imbeddes isometrisk isomorft i H^* slik at Cauchy-følger av stokastiske variable som nærmer seg hvit støy har et opphopningspunkt i H^* (sml. [6] og [15]). Vi konstruerer det ønskede rommet ved å betrakte alle løsninger til det assosierte integrallikningsproblem.

$$\int_0^t Y_s ds = Xt + \int_0^t \zeta_s ds. \tag{3.37}$$

Integralet på høyre side kan erstattes med standard Brownsk bevegelse $\{W_t\}$ slik at prosessen Y_t kan beskrives ved en stokastisk differensiallikning

$$dY_t = Xdt + dW_t. \tag{3.38}$$

Ved innovasjonsteoremet har vi en korresponderende innovasjonsprosess

$$dV_t = dY_t - e_t dt \tag{3.39}$$

hvor e_t er definert som

$$e_t = P_t^y(X - \mu) + \mu. \tag{3.40}$$

Her er e_t altså den affine projeksjonen av X på Krylov-underrommet utspent av Y_t.

Definer så

$$p(t) = \| X - e_t \|^2 \tag{3.41}$$

som den kvadratiske feilen i estimatet. Ved innovasjonsteorien og Kalmanfilter teoremet kommer man fram til følgende formel:

$$e_t = \Phi(t, \tau)e_\tau + \int_\tau^t \Phi(t, s)p(s)dy_s \tag{3.42}$$

hvor

$$\Phi(t, s) = exp(- \int_s^t p(u)du) \tag{3.43}$$

29

og $p(t)$ tilfredstiller

$$\frac{dp}{dt} = -p^2, \quad p(0) = \sigma^2. \tag{3.44}$$

Likningene (3.42) til (3.44) løser det kontinuerlige problem (3.36). Vårt opprinnelige problem er imidlertid knyttet til observasjonene (3.33). Den eneste forskjellen i de to problemstillingene er valg av Stieltjes–mål for integrasjonen, så en løsning av det diskrete problem er formelt ekvivalent med en løsning av det kontinuerlige problem hvis man tolker likningene (3.42) og (3.43) for diskrete stokastiske variable og ser på (3.44) i distributiv forstand over rommet av stykkevis lineære regulære splines definert på (3.34).

Tolket på denne måten får vi en formel for det diskrete estimatet $e_k = \hat{X}_k$

$$\hat{X}_k = \hat{X}_{k-1} + \frac{P_{k-1}}{P_{k-1} + a^2}(Y_k - \hat{X}_{k-1}), \quad \hat{X}_0 = 0 \tag{3.45}$$

hvor

$$P_k = \| X - \hat{X}_k \|^2 \tag{3.46}$$

og er gitt rekursivt via

$$P_k = \frac{a^2 P_{k-1}}{a^2 + P_{k-1}}, \quad P_0 = E(X^2) = \sigma^2, \quad a^2 = E(Z_i^2). \tag{3.47}$$

I den rekursive algebraiske likningen (3.45) kan vi faktorisere ut leddet

$$B_k = \frac{(X, \Psi_k)}{(\Psi_k, \Psi_k)} \Psi_k \tag{3.48}$$

hvor

$$\Psi_k = Y_k - P_{k-1}Y_k. \tag{3.49}$$

Vi har med andre ord konstruert en tidsdiskret innovasjonsprosess med innovasjonsfølgen Ψ_k og innovasjonsprojeksjonen B_k.

Det statistiske eksperimentet kan nå tolkes på en rekursiv måte ved hjelp av den tidstiskrete innovasjonsprosessen. Innovasjonsprosessen er en følge

$$e_n = \sum_{i=0}^{n} \alpha_i Y_i \tag{3.50}$$

hvor oppdateringen av e_n kun er avhengig av e_{n-1}.

Estimatet er forventningsrett og med minimal varians,

$$\alpha_i = \frac{E(XY_i)}{\| Y_i \|^2}.\tag{3.51}$$

Dersom observatorene er ukorrelerte (ortogonal basis for M), ser vi ved symmetri at $\alpha_i = 1/n$.

Hendelsesdiskret prosess

I en hendelsesdiskret modell antar vi konseptuelt at tidsaksen er kontinuerlig. Observasjonsperioden er et reelt intervall $[0, \; T]$, men vi kan for enkelhets skyld betrakte enhetsintervallet $I = [0, \; 1]$. En operasjonsgren er en funksjon $S(t)$ fra I til R^n, hvor det er sprang av endelig størrelse ved tidspunktene

$$0 = t_1 < t_2 < \ldots < t_n = 1.\tag{3.52}$$

Som eksempel kan man tenke seg en fysiske størrelse $\mu(t)$ som oppfører seg som størrelsen i eksempelet ovenfor på tidsintervallene (t_i, t_{i+1}), men som på overgangen fra et slikt intervall til et annet gjør et sprang enten opp eller ned. Vi antar at disse sprangene følger en eller annen sannsynlighetsfordeling, og at de er begrensede, dvs at $|t_{i+1} - t_i| < K$ for en gitt K og alle indekser i mellom 1 og $n-1$.

Vi definerer en stokastisk prosess på I ved å sette $X_t = S(t)$.

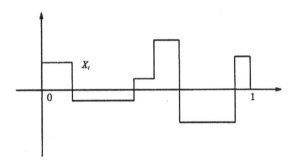

Figur 3.9   Hendelsesdiskret prosess på enhets intervallet.

I likhet med det forrige eksempelet ønsker vi en innovativ estimeringsprosess for å kunne følge X_t best mulig. Vi observerer at det er to sider ved X_t som gjør at den er utenfor vår kontroll.

For det første så vet vi ikke hvor lenge den fortsetter å oppføre seg lineært, dvs vi kjenner ikke lengden på intervallene For det andre kjenner vi ikke lengden på sprangene i hvert tidspunkt assosiert med (3.52). For å komme videre med analysen må vi gjøre noen antagelser. La oss anta at intervall–lengden er eksponensielt fordelt med forventing $1/\lambda$ og varians $1/\lambda^2$, og sprangene er normalfordelte med forventing 0 og varians σ^2. Dette impliserer at tidspunktene (3.52) tilfredstiller en Poissonprosess, og sprangene står i et avhengighetsforhold til tidsdistribusjonen. Vi forventer et sprang av størrelse ulik null i tid $1/\lambda$ etter siste ikke–trivielle sprang, dvs sprang ulik null.

For at informasjonen skal være tilgjengelig for oss trenger vi en observasjonsprosess Y_t som er av noenlunde samme kategori som La oss definere et slik prosessrom som funksjonsrommet med basis bestående av simple (dvs stykkevis konstante) funksjoner med kompakt sammenhengende bærer assosiert med intervallene (t_i, t_{i+1}) over (3.52). Med andre ord definerer vi en observasjonsprosess som en stykkevis konstant funksjon over enhetsintervallet, hvor Y_t antar verdiene

$$Y_1, Y_2, \cdots, Y_{n-1} \qquad (3.53)$$

på intervallene $(t_{i+1} - t_i)$ for i mellom 1 og $n-1$.

På samme måte som i forrige eksempel ønsker vi en matematisk sammenheng mellom signalprosess og observasjonsprosess. Da vi i dette tilfellet ser bort fra feil i måleinstrumentene, må sammenhengen være vesensforskjellig fra (3.35). På den annen side vet vi at dersom partisjonen (3.52) er ekvivalent med partisjonen (3.34) er modellene isomorfe. Vi kan derfor anta at sprangene kan representeres som en diskret prosess i hvit støy.

Likningen

$$Y_t = X_t + \zeta_t \qquad (3.54)$$

er et problem analogt med (3.35), hvor Y_t er målingen av $\mu(t - \delta)$, $\delta > 0$, for den minste tenkelige fra mengden av slike δ'er.

Problemet vårt er med andre ord redusert til "statistisk eksperiment som tidsdiskret prosess" modulo usikkerheten om målingstidspunktene. Våre beregninger i forrige eksempel satte ingen begrensning på hvordan ankomst–tdispunktene skulle være distribuert, så fra dette punktet av vil dette eksempelet følge nøyaktig de samme retningslinjene som det forrige, og genere en tilsvarende tidsdiskret innovasjonsprosess. Denne innovasjonsprosessen gjør vi så tidskontinuerlig ved å definere en utvidelsesprosess over hele enhetsintervallet under den restriksjon at den skal være simpel og høyrekontinuerlig.

4 PRINSIPIELL TRACKING I AVSKJÆRINGSMODELLEN

Hensikten med dette kapittelet er å konkretisere stoffet fra de to foregående kapitler og vise hvordan den omhandlede teorien kan anvendes i et konkret eksempel. Den spesielle teorien for avskjæringsmodellen er også omfattende, og vi finner det nødvendig å behandle den som et kapittel for seg.

4.1 Innledning

I avskjæringsmodellen representerer flyene punkter i planet R^2. Punktenes bevegelse kan beskrives som stokastiske prosesser da flyvernes manøvreringer er ukjente for observatør og i tillegg kan være utsatt for støy i måledata i form av falske data. Da modellen er plangeometrisk vil vi imidlertid betrakte problemet med partielt tilstedeværende informasjon beskrevet i 2.4.1 som uaktuelt.

For å skissere trackingstrategien i avskjæringsmodellen skal vi først identifisere prosessene, så spesifisere disse ytterligere ved å peke på hvordan systemdynamikken er avhengig av lokal geometri, og endelig se hvordan abstrakt tracking slik vi behandlet den i kapittel 2 konstrueres utenpå dette.

4.2 Identifikasjon av prosesser og valg av koordinatsystemer

For hver sensorobservasjon x i planet assosierer vi en stokastisk prosess X_t slik at man kan betrakte observasjonene som målinger av prosessen. Vi ønsker videre at denne prosessen er representert i et dynamisk system slik at den kan løses ut fra en stokastisk differensiallikning. En slik likning må ta hensyn til at et punkt beveger seg stykkevis lineært i planet med hensyn på euklidsk geometri og at knekkpunktene for polygontraséen ikke er skarpe, dvs. vinkelen mellom to lineære bevegelser er mindre enn k, hvor $0 < k < \pi/2$.

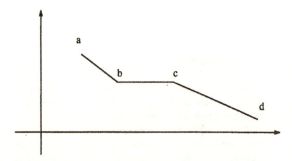

Figur 4.1   Stokastisk prosess X_t i R^2 representert i form av en polygon kurve.

Vi observerer at intet ordinært system av differensiallikninger kan modellere denne type bevegelse, da kurver som har knekkpunkter ikke er differensiable. Det er med andre ord opplagt allerede på dette nivået at skal en slik kurve representeres som en differensiabel funksjon så må dette være i distributiv forstand (sml. forøvrig [6]).

Den matematiske behandlingen av de to former for støykilder, altså ukontrollerte manøvreringer og falske måldata, er avhengig av hva slags koordinatsystem man velger å jobbe med. I planet kan man alternativt beskrive et punkt enten ved kartesiske eller polare koordinater. Tenker man på hvordan en radar fungerer kan det være naturlig å bruke polare koordinater. En radar roterer rundt sin akse og vil fange opp informasjon for hver runde. Når man ser på selve trackingprosessen kan det være andre karakteristiske trekk som er mer interessante.

Alle objekter i planet som ikke snitter origo vil kunne tegnes entydig på to måter, dvs. enten ved kartesiske koordinater eller ved polare. Vi ønsker med andre ord å velge en representasjon som gir oss best mulig rom for å prediktere, filtrere og korrelere tracks svarende til en følge av sensorinformasjon. Dette vil resultere i at noen ganger er den ene metoden optimal, andre ganger er det ønskelig å velge den andre. F. eks. vil sensordata oppfattes helt forskjellig avhengig om man befinner seg i ro, konstant bevegelse eller konstant aksellerasjon.

4.3 Trackingsystem

Det er flere måter å genere et utfallsrom på over en plangeometrisk modell. Vi kan identifisere utfallsrommet Ω med den euklidske geometri R^2 og la en stokastisk vektor $X = (x, y)$ betegne punktets posisjon. Alternativt kan vi identifisere Ω med den reelle projektive geometri RP^2 hvor vi istedet for å identifisere punktene i planet studerer strålene, dvs. alle positive åpne linjestykker fra origo mot uendelig. De elementære utfallene for dette utfallsrommet er linjestykker, hvor linjestykkene er medlemmer av familien $\{(0, \lambda)x : \lambda \in R, \ x \in R^2\}$.

De to utfallsrommene, euklidsk og projektiv geometri, forholder seg til hverandre på samme måte som kinematikken forholder seg til dynamikken. I kinematikken er det kraften eller bevegelsen i mengden av partikler som er grunnenheten. I dynamikken er det rettlinjet bevegelse som er det fundamentale.

Vi skal nå se nærmere på geometriene. Temaet for resten av kapittelet er hvordan et trackingystem må forholde seg til den enkelte geometri.

4.3.1 Euklidsk geometri

Den tradisjonelle måten å forholde seg til trackingen på er via euklidsk geometri. For eksempel drøfter [1] hvordan kombinere euklidsk geometri med henholdsvis kartesiske og polare aksesystemer.

I en multi-tracking situasjon trenger man flere koordinatsystemer. Antall systemer er også avhengig om vi modellerer stasjonær trackning (dvs. jordbunden tracking) eller vi ser på et luftbåret system. Vi kan identifisere alle slike koordinatsystemer i et prototypisk NED-system, dvs. et Nord-Øst-Ned-system, eller for plangeometri et Nord-Øst system svarende til kanonisk basis for R^2. Et punkt beskrevet i dette systemet kan eventuelt transformeres til til andre euklidske systemer ved hjelp av invertible matriser. Dersom vi tenker på et punkt i et lokalt system som en vektor kan beskrives ved sin entydige projeksjon ned på hver enkelt av de lokale aksene. Det kan også beskrives ved hjelp av positiv avstand fra lokalt origo og ved hjelp av vinkel (asimut) vektoren danner med systemets førsteakse. Det første sentrale problem består altså i en parametrisering av den lokale geometrien.

Vi velger å bruke kartesiske koordinater da det ikke foreløpig er noen indikasjon på punktsymmetri i problemet.

Et neste sentralt problem er plassering av de lokale koordinatsystemene. Det vanlige i denne sammenhengen er å operere med et koordinatsystem pr. sensor.

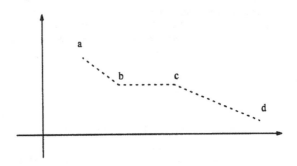

Figur 4.2   Euklidsk geometri: punktene i R^2 er utfall av prosessen.

Har vi identifisert den lokale geometrien er det nå også mulig å representere den lokale systemdynamikken ved hjelp av innovasjonsprosesser. Vi beskriver det tidskontinuerlige problemet ved hjelp av stokastiske differensiallikninger etter oppskrift fra det tidsdiskrete eksempelet i seksjon 3.2.4. På samme måte som der transformerer vi det kontinuerlige problemet til et tidsdiskret system og løser estimeringsproblemet ved en tidsdiskret innovasjonsprosess.

Avskjæringsmodellen er for øyeblikket implementert slik at man foretar en multippel sensor tracking og behandler hver av de enkelte målene lokalt før de sendes inn til en trackingsentral. Som vi nevnte i kapittel 2 fins det også en alternativ multippel tracking, dvs. vi opererer kun med et globalt koordinatsystem slik at de lokale trackingalgoritmene ikke gjør annet enn å transformere sensorobservasjonene fra observerte koordinater til de globale koordinater. En tredje familie av geometrier på rommet genereres ved at man definerer et lokalt system til hvert enkelt track. På denne måten får man et multippel–sensor–system med enda sterkere egenskaper enn den vanlige metoden.

4.3.2 Projektiv geometri

La oss nå se på kombinasjonen av projektiv geometri og sterk multippel tracking, dvs. metoden med å definere et lokalt koordinatsystem til hvert enkelt track. Ideen er her på samme måte som i Newtonsk fysikk å identifisere stillstand med lineær utvikling. Med andre ord ønsker vi å formulere oss på en slik måte at så lenge flyene flyr med konstant hastighet og i samme retning representere de elemter i samme mengde, nemlig bevegelsesmengden, mens når de abrupt skifter retning svarer dette til en gradient i bevegelsesmengden.

Ideen bak projektiv estimering, som forøvrig er illustrert i figur 4.3 som en tolkning av informasjonen i figur 4.1, er å identifisere en prosess i det projektive rom med den hendelsesdiskrete prosessen i seksjon 3.2.4. En hendelsesdiskret prosess er egentlig en prosess med diskret verdimengde. En forutsetning for at prosessen i det nevnte eksempelet ble identifisert som diskret var at den ble beskrevet med hensyn på sitt naturlige koordinatsystem. Hadde vi beskrevet den ved et annet system hadde prosessen ikke vært diskret.

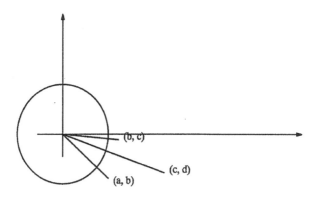

Figur 4.3   Projektiv geometri: Lineær bevegelse identifisert med strålestykker gjennom enhetssirkelen.

Hvis man knytter konseptet projektiv estimering til lokale koordinatsystemer skulle det være mulig å ha relativt god kontroll over de enkelte tracks. Ved at man til hvert ny–etablert track også etablerer et koordinatsystem til dette vil samtlige stråler i den projektive geometrien kun beskrives entydig med hensyn på lengde i forhold til systemets lengdeenheter og vinkel i forhold til systemets førsteakse. Ved neste observasjon kan man eventuelt rotere systemet slik at den første strålen assosiert med tracket er parallelle med førsteaksen.

I seksjon 3.2.4 behandlet vi en komposisjon av en tidsdiskret prosess med en Poisson prosess og fikk en kontinuerlig stokastisk avbildning fra den sammenhengende tidsaksen assosiert med enhetsintervallet og til den reelle akse. Det eneste vi behøver å gjøre å fullføre imbeddingen av eksempelet i avskjæringsmodellens omgivelser er å måle verdimengden til prosessen i radianer. Man må under dette huske på at det projektive rom er begrenset i vinkelretningen mens prosessen er prinsippielt ubegrenset. Dette kan man løse ved å operere med grener av prosessen på samme måte som man opererer med grener av de elementære funksjonene i kompleks analyse.

4.4   Implementasjon av trackere

Vi har nå gjort en del generelle betraktninger angående konstruksjon av tracking system for avskjæringsmodellen. Ennå har vi ikke kommet ned på implementasjonsnivået. Det skyldes av vi ennå ikke har gitt en algoritmisk beskrivelse av hjertet i et målfølgingssystem, nemlig filteret.

Sentralt i denne sammenheng er hvordan det lokale valg av filter vil påvirke assosiasjonsprosessen.

Vi har hittil indikert Kalmanfilter svarende til løsningen av innovasjonsprosessen enten i euklidsk eller projektiv geometri som løsning på trackingproblemet. Det fins imidlertid mange andre filtertyper som enten er spesialiseringer av Kalmanfilterene, eller bygger på helt andre prinsipper.

Dette er tema for de to neste kapitler. I kapittelet som følger deretter gir vi en sammenlikning og evaluering av filteralternativene.

5 FILTERTEORI

Dette kapittelet har som hensikt å presentere noen filtertyper som betraktes som aktuelle kandidater for trackingalgoritmer. Her skal vi se på det matematiske aspektet ved filterene. Neste kapittel vil presentere den implementasjonsmessige siden av saken.

Vi starter med å definere et abstrakt filter, og identifiserer karakteristika. Deretter går vi løs på de konkrete realiseringer. Identitetsfilteret behandles for seg. De resterende filtertypene kan deles inn i tre kategorier. Regresjonsfilter, mønstergjenkjennlesesfilter er noenlunde basert på samme ide, nemlig minste kvadraters metode. Endelig element– og spline filter er basert på valg av basis for et endeligdimensjonalt lineær–algebraisk deterministisk problem. Kalman-filter og Alpha-Beta-filter er basert på lineær estimeringsteori.

5.1 Definisjon av filter

La H være et Hilbertrom og la W være et lukket underrom av H. Med et filter F fra H på W menes en ortogonalprojeksjonsoperator som avbilder kontinuerlige kurver i H kontinuerlig på kurver i W slik at hvert element $\gamma(t^*)$, svarende tid en tidssampling av kurven i H, avbildes som en ortogonalprojeksjon på $\Gamma(t^*)$, svarende til projeksjonavbildningen av γ i W. Mer spesielt skiller man mellom filtere, prediksjoner utglattinger på følgende måte:

La h>0 være et reelt tall og la P_{t+h} være ortogonalprojeksjonsoperatoren som avbilder en kurvepunktene γ_t på de projiserte kurvepunktene Γ_{t+h}. Dersom h>0 kalles operasjonen en prediksjon, dersom h<0 en utglatting, og for h=0 kalles operasjonen et filter.

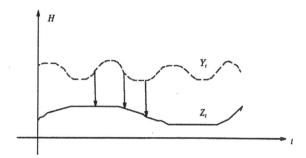

Figur 5.1   Filtrering som punktvis projeksjon. Prosessen Y_t som en kurve i H, og Z_t som projeksjonen av Y_t på den lukkede underrommet W.

La L være en lineær transformasjon fra H til W og la W^c betegne komplementærrommet til W i H. Vi betegner nullrommet (kjernen) til L med $ker(L)$. Dersom L er en projeksjon av H på W er kjernen til L ekvivalent med ortogonalkomplementet til W, $W^c = ker(L)$.

Mengden av filter utgjør en monoide, dvs en semigruppe med identitet. Filterene er surjektive men generelt ikke bijektive. Untaket fra dette er identitetsfilteret.

Når vi betrakter filterene nedenfor, gjør vi dette gjennom å gi hvert enkelt filter en matematisk beskrivelse, og deretter vise at denne beskrivelsen er velstilt, dvs hvert filter er en kontinuerlig lineær avbildning fra H på et rom W.

5.2 Identitetsfilter

Identiteten $I:H \rightarrow H$ definert gjennom $I(x)=x$ for alle x i H, gir opphav til et identitetsfilter som avbilder alle kurver γ i H på seg selv.

I dette tilfellet ser vi at $W^c=ker(I)=0$ og $W=H$. Filteret er tydelig veldefinert og kontinuerlig for alle topologier, spesielt vektorromstopologien.

Det er dette filteret som brukes pr i dag i avskjæringsmodellen (15.05.92).

5.3 Regresjonsfilter

En nøyaktig beskrivelse av dette filteret finner man i kapittel seks i dokumentasjonsnotatet [4]. Vi kompaktifiserer, oppsummerer og gir en evaluering.

Filtermekanisken består i et euklidsk vektorrom og en hukommelsesenhet som husker de n siste tidssamplingene fra kurven. På basis av dette trekkes en lineær regresjonskurve som predikterer posisjon ved neste tidspunkt. Det observeres så om man ved neste tidspunkt finner en observasjon innenfor en predeterminert toleranserekkevidde. Hvis ikke tester man mot en sekundær rekkevidde.

Projeksjonen i dette tilfellet består i å avbilde en vilkårlig kurve γ på det lineære underrommet bestående av kurver med lineær hale, dvs kurver $\Gamma(t)$ som fra et visst tidspunkt av oppfører seg lineært.

Dersom den første toleransetesten fungerer er estimatet sannsynligvis godt. Dersom dette ikke er tilfellet er γ sterkt ulineær og ortogonalinkrementet i filtreringen vil være vedvarende stort inntil man finner et nytt tidspunkt t hvorom γ er lokalt lineær.

Filtreringsskjemaet vil alltid generere entydig løsning, som man lett kan overbevise seg om. Skjemaet er imidlertid ikke stabilt. Små variasjoner i observasjonene kan skille mellom strengt forskjellige samplingsmetoder og følgelig generere projeksjonskurver med ukontrollert stor avstand m.h.p. den arvede topologien i underrommet W.

5.4 Mønstergjenkjennelses filter

Dersom målene våre hadde fulgt en tilnærmet rett linje ville regresjonsfilteret beskrevet ovenfor vært optimalt. Det som gjør at det ikke fungerer er imidlertid ulinearitetene i omegner om målbanens knekkpunkter. Metoden vi skal se på nå baserer seg på antagelsen om at vi kan beskrive måltraséen tilstrekkelig godt med et endlig antall forskjellige mønster.

Mens vanlig lineær minste kvadraters metode fremsetter en hypotese om lineær underliggende modell

$$y = ax + b \tag{5.1}$$

og minimerer

$$p(a,b) = y - ax - b \tag{5.2}$$

med hensyn på (a, b) i punktivs l_2–norm, kan vi anta hypotesen om sirkulær sammenheng

$$(x - a)^2 + (y - a)^2 = b^2 \tag{5.3}$$

og minimere

$$q(a,b) = (x - a)^2 + (y - a)^2 - b^2 \tag{5.4}$$

med hensyn på (a, b) i en tilsvarende norm. Dersom vi velger punktvis l_2–norm får vi et minste kvadraters problem med ikke–lineær residual.

Hypotesen sier at hvis målene ikke følger en lokalt lineær trasé så følger de approksimativt en sirkelbue. Teknikken vår blir som den elementære regresjonsteknikken, bortsett fra at når observasjon ikke ligger i nærheten av estimert punkt via lineær estimering, så bruker vi en utvidet søkesirkel og utfører en minste kvadraters approksimasjon over sirkelbuer.

Så lenge denne regresjonsteknikken gir resultater, noe den vil gjøre i omegner om knekkpunkter, vil vi forsette på dette viset. Når residualet r begynner å bli stor er det tegn på at sensordata igjen begynner å oppføre seg lineært, og vi skifter tilbake til lineær regresjonsteknikk.

Projeksjonsrommet W består nå av alle kurver med lineær hale eller kurver med hale i varieteten til polynomet $q(a, b)$ ovenfor, med andre ord har komponentene for kurven i projeksjonsrommet en sirkulær periodisk hale. Underrommet W er ekte større enn det tilsvarende underrommet for regresjonsfilteret, så det er grunn til å tro at stabilitetsegenskapene for dette filteret er noe bedre.

Filterskjemaet vil alltid generere entydige løsninger, som man lett kan overbevise seg om, og det ser ut til å være stabilt med hensyn på kurver som er stykkevis lineære. Vi kan også føye til at mønstergjenkjennelsesfilteret kan generaliseres til å velge mellom et endelig antall algebraiske mønstre.

5.5   Endelig Element (FEM) filter

Som nevnt tidligere kan man assosiere sannsynlighetsregning med mekanikk. La oss betrakte de stokastiske differensiallikningene som integrallikninger under en av de mekanistiske tolkningene fra seksjon 1.3. For denne typen problemstillinger er det utviklet numeriske løsningenmetoder. En av de mest fleksible er den såkalte endelig element metoden som er skreddersydd for ordinære og partielle elliptiske differensiallikninger med vilkårlig med rimelig regulær geometri.

Anta vi har et annen–ordens stokastisk dynamisk system på formen

$$D_t^2(x_t) = A(t)x_t + C(t)v_t, \tag{5.5}$$

hvor matrisen A er medlem av den generelle lineære gruppen med orden to, $GL(2)$. I stedet for å introdusere de vanlige stokastiske likningene fra seksjon 3.2.1 multiplserer vi med en annen funksjon y_t som også er differensiabel og tilsfredstiller de samme initialkrav som x_t måtte gjøre.

$$(y_t)^T D_t^2(x_t) = (y_t)^T A(t)x_t + (y_t)^T C(t)v_t. \tag{5.6}$$

Ved å integrere opp systemet, forenkle og innføre indreproduktene

$$(v, w) = \int_0^1 v(t)^T w(t)dt \tag{5.7}$$

og

$$(v, w)_A = \int_0^1 v(t)^T A w(t)dt, \tag{5.8}$$

får vi en stokastisk differensiallikning

$$(x'_t, y'_t) - (x_t, y_t)_{A(t)} = (y_t, C(t)v_t). \tag{5.9}$$

Likningen (5.9) holder for alle dobbelt–differensiable y_t. Mer generelt kan vi innføre et Sobolev–underrom av det vanlige Hilbertrommet av kvadratisk integrable stokstiske variable. Med et Sobolevrom i denne konteksten mener vi rommet av alle kvadratisk integrable stokastiske variable som også har kvadratisk integrable deriverte i distributiv forstand (Schwarz–deriverte, se [6] og [15]). Til ethvert Soboloevrom fins det også et indreprodukt som gjør rommet komplett. La oss betegne rommet V og formulere (5.9) på kanonisk variasjonsform:

Finn $x \in V$ slik at

$$a(x, y) = L(y) \text{ for alle } y \in V. \tag{5.10}$$

Symbolene i likning (5.10) er definert via (5.9). Hvor vidt likningen er veldefinert eller ikke er ikke–trivielt, men dersom matrisen A er negativt definitt for alle t, dvs har et negative disjunkte egenverdier for alle t, så er problemet (5.10) på elliptisk form og har entydig løsning.

5.6 Bézierfilter

Bézierfilteret, eller splinefilter som vi alternativt kan kalle det, baserer seg på at trackingens midlertidige hukommelse kan betraktes som en polygon kurve. I følge Bézierteorien kan kur-

ven betraktes som en kontrollpolygon for en entydig bestemt spline, dvs et n'te ordens stykke-
vis glatt polynom.

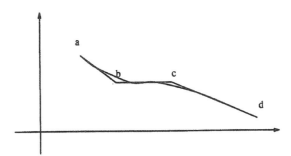

Figur 5.2   Polygonkurven fungerer som kontrollkurve for en kubisk spline.

Forskning innen splineteori har vist at tredjegrads splines er de funksjoner med best kombinert
approksimasjons– og stabilitetsegenskaper, så vi velger å jobbe med disse.

Fysisk kan vi tenke oss splinekonstruksjonen som en elastisk stav kontrollert ved vekter asso-
siert med kontrollpolygonet. Splinens form blir da i likhet med FEM–likningene løsningen for
et energiminimeringsprinsipp. Ideen er å bruke denne energiminimerende kurven som ekstrapo-
lant for trackets videre bane. Prediksjonslinje blir da ikke–lineær i motsetning til prediksjons-
teorien i de tidligere kapitler.

Splinekurven er et stykkevis polynom, og for å få dette entydig bestemt er vi avhengig av å vel-
ge punkter hvor kurven ikke er C^∞, dvs uendelig deriverbar. I neste kapittel skal vi nevne en
strategi for å genere slike punkter og assosierte splinekurver som konvergerer mot den ønskede
energiminimerende splinen. Resten av filtreringen foregår på samme måte som regresjonsfilte-
ret.

5.7   Kalmanfilter

Et karakteristisk trekk ved de fire filtrene vi har behandlet til nå er at de erstatter hele feedback
mekanismen i trackingfunksjonen. Kalmanfilter og Alpha-Beta-filter er imidlertid basert på et
strengt skille mellom estimering, filtrering og gating.

Filtreringsproblemet kan løses ved å konstruere en innovasjonsprosess basert på modellbeskri-
velsen av problemet. I kapittel 4 viste vi to fundamentalt forskjellige angrepsmetoder, den
euklidske tidsdiskrete og den projektive hendelsesdiskrete modellen. Vi har sett hvordan lik-
ningssystemet svarende til et diskret Kalmanfilter kan konstrueres ved hjelp av integrasjonsteori
og et kontinuerlig dynamisk system. Her skal vi se presentere et slikt likningssett basert på et
tidsdiskret dynamisk system i euklidsk geometri. Projektiv geometri behandles så i korte trekk
basert på de geometriske sammenhengene vi omtalte i seksjon 4.3.2.

5.7.1 Euklidsk Kalmanfilter

For et tidsdiskret problem i euklidsk geometri hvor målets dynamikk kan gis på diskret Markov-
form, ser likningssystemene for mål og respons ut som følger:

$$x(k+1) = \Phi x(k) + q(k) \tag{5.11}$$

$$y(k) = Hx(k) + v(k) \tag{5.12}$$

der x er den n–dimensjonale tilstandsvektor som skal estimeres, Φ er den antatt kjente transisjonsmatrisen, q er hvit gaussisk prosesstøy med middelverdi null og antatt kjent kovariansmatrise Q. H er en $m{\times}n$ målematrise.

Kalmanfilterlikningene kan skrives opp på formen:

$$K(k) = P(k|k-1)H^T[HP(k|k-1)H^T + R_c]^{-1} \tag{5.13}$$

$$\hat{x}(k|k) = \hat{x}(k|k-1) + K(k)[y(k) - H\hat{x}(k|k-1)] \tag{5.14}$$

$$P(k|k) = [1 - K(k)H]P(k|k-1) \tag{5.15}$$

$$\hat{x}(k+1|k) = \Phi P(k|k)\Phi^T + Q \tag{5.16}$$

hvor kovariansmatrisen er definert ved den gaussiske estimeringsfeil–vektoren:

$$P(k) = E([x(k) - \hat{x}(k)][x(k) - \hat{x}(k)]^T). \tag{5.17}$$

Denne matrisen er alltid symmetrisk. Videre er $\dot{x}$ den predikterte tilstandsvektoren og K er Kalmanfilterforsterkningen.

5.7.2 Projektivt Kalmanfilter

Her følger vi samme strategi som ovenfor, men baserer Kalmanfilteret på en tidsdiskret innovasjonsprosess via Kalmanfilteret over diskrete tidpunkter angitt ved en Poissonprosess.

5.8 Alpha-Beta-filter

Det mest brukte filteret med faste forsterkningskoeffesienter er i følge [7] er Alpha–Beta (α–β) trackerene. Metoden fungerer noenlunde som et Kalmanfilter, men hvor parameterene α og β er konstante koeffisienter som benyttes for estimering av hastighet og posisjon. Verdien til disse koeffisientene ligger alltid mellom null og en.

I de to neste avsnittene skal vi prøve å si noe om metoden generelt, gi en geometrisk tolkning og se på stabilitet. Metoden er generelt tidsdiskret, men vi skal se hvordan den eventuelt kan konverteres til handlingsdiskret filtrering i forbindelse med projektiv geometri.

5.8.1 Euklidsk Alpha-Beta-filter

Vi skal beskrive Alpha-Beta-filteret ut fra den diskrete situasjonen.

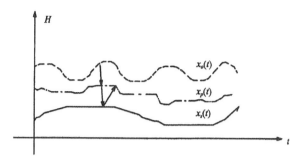

*Figur 5.3   Prosessen $x_o(t)$ som en kurve i H. Nedovergående piler viser $x_s(t)$ som projeksjo-
nen av $x_o(t)$ på det lukkede underrommet W via en prediksjon $x_p(t)$. Oppovergåen-
de pil viser ny prediksjon basert på informasjon i $x_s(t)$.*

Trackeren er definert ved likningene

$$x_s(k) = \dot{x}(k|k) = x_p(k) + \alpha[x_o(k) - x_p(k)] \tag{5.18}$$

$$v_s(k) = \dot{D_t}x(k|k) = v_s(k-1) + \frac{\beta}{qT}[x_o(k) - x_p(k)] \tag{5.19}$$

$$x_p(k+1) = \dot{x}(k+1|k) = x_s(k) + Tv_s(k) \tag{5.20}$$

hvor q er antall scan siden siste oppdatering, x_a for a lik p, o, s henholdsvis prediktert posisjon
fra forrige måling, observasjon mottatt ved k og glattet posisjon ved måling k. Parameteren
$v_s(k)$ er tilsvarende glattet hastighet ved måling k, og T er samplingsintervallet.

Likningene må også gis en initiering.

$$x_s(1) = x_p(2) = x_o(1). \tag{5.21}$$

$$v_s(1) = 0. \tag{5.22}$$

$$v_s(2) = \frac{[x_o(2) - x_o(1)]}{T} \tag{5.23}$$

Det er ikke mulig for trackeren å følge et mål med konstant akselerasjon uten stasjonær feil. Vi
kan umiddelbart observere fra likningene at systemet er veldefinert og stabilt. En eventuell us-
tabilitet måtte skyldes divisjon med små reelle størrelser, men hvis T er valgt tilstrekkelig stor
vil ikke dette representere noen trussel.

5.8.2 Projektivt Alpha-Beta-filter

Som vi allerede har slått fast, så er Alpha-Beta-filteret en uniform tidsdiskret prosess. Vi kan
betrakte de samplede tidspunkter som startpunktet for en liten stykkevis lineær bevegelse. Ved å

legge sammen slike små bevegelser kan man approksimere det irregulære tidsmønsteret for den projektive prosessen. Med andre ord ønsker vi å approksimere en stykkevis polygonkurve med få knekkpunkter med en stykkevis polygonkurve med mange knekkpunkter.

Utviklingen av dette konseptet er imidlertid ennå ikke avsluttet, men det forskes på om man kan bruke likninger svarende til dem i seksjon 5.8.1 under den modifikasjon at de er tilpasset det projektive problem på samme måte som Kalmanlikningene i seksjon 5.7.2.

6 ALGORITMER

Dette kapittelet har som hensikt å presentere en algoritmisk analyse av filteralternativene.

Implementasjonsproblemet tar utangspunkt i et matematisk velstilt problem og prøver å beskrive en matematisk metode (algoritme) som genererer nøyaktige løsninger av det matematiske problem. I praksis ser vi på algoritmer som genererer approksimasjoner av den ønskede løsning på grunn av maskinens interne avrundingsfeil.

6.1 Identitets- og regresjonsfilter

De programmeringstekniske sider ved regresjonsfilteret er behandlet i kapittel seks i dokumentasjonsnotatet [4]. Som det fremgikk i vårt kapittel 5 er ikke den typen filtrering matematisk velstilt, så det vil være svært vanskelig å oppnå gode resultater med en direkte implementasjon.

En implementasjon av identitetsfilteret vil på den annen side ikke skape matematiske problemer, dersom man finner en måte som entydig assosierer inputdata med outputdata. I en hendelsesdiskret simuleringsmodell kan dette være problematisk hvis man vil unngå maskinkodeorientert programmering.

Begge filtreringsteknikker er benyttet som konkurrerende metoder under utviklingen av avskjæringsmodellen, henholdsvis under navnene NORMAL og PERFECT.

6.2 Mønstergjennkjennelsesalgoritme

Som vi så i forrige kapittel så følger mønstergjenkjennelsesalgoritmen de samme prinsippene som regresjonsfilteret. Man kan velge å se på den som en generalisering av regresjonsfilteret på den måten at regresjonsfilter er en mønstergjenkjennelsesalgoritme som kun bruker en mal for sammenlikning, nemlig den lineære, og etter å ha gjenkjent et lineært mønster utfører lineære regresjonsanalyser. I motsetning til dette degenerte tilfellet vil ikke mønstergjenkjennelsesalgoritmen generelt være ustabil i alle knekkpunkter. Stabiliteten er problemavhengig, men der det matematiske filteret er stabilt vil det numeriske filteret være stabilt. Dette kan man observere ved analogi til regresjonsfilteret.

Arbeidsestimatet for et slikt filter er kubisk avhengig av hukommelsesmengden, dvs dersom filteret har en hukommelse som husker n observasjoner for hvert track, vil det deterministiske arbeidet mellom hver oppdatering av trackene være en polynom over de hele tall av orden tre. Dette skyldes at den standardiserte metoden for å løse lineær regresjon via matriseformulering av normallikningene er av en slik orden, og her spiller ikke regresjonens orden noen rolle så lenge man skal løse et overbestemt likningssystem.

Konstruksjonen av algoritmen følger de vanlige prosedyrer for minste kvadraters metode (se [14]), men hvor vi passer på å legge inn en betingelsestest på samme måte som regresjonsfilteret som lar oss gjøre beregninger i henhold til en enkelt strategi så lenge denne gir gode nok resultater. For to–valgs filteret beskrevet i forrige kapittel følger vi lineær regresjonslinje så lenge dette er fornuftig, og skifter deretter til sirkulær approksimasjon. Når radien i sirkelen er blitt tilstrekkelig stor skifter metoden igjen tilbake til lineær approksimasjon.

6.3 Endelig element (FEM) filter

Rent programmeringsteknisk regnes FEM ofte for å være en tung metode, særlig sammenliknet med endelig differensmetodene (FDM). Grunnen til at den alikevel er å foretrekke i mange situasjoner er imidlertid den fleksibiliteten som er assosiert med metoden og de ryddige approksimasjonsteoremene man har for elliptiske problemer.

De numeriske rutinene er knyttet til tre deler av modellen. For partielle differensiallikninger foretar man en triangulering av domenet, dvs en approksimasjon av domenet ved hjelp av simplekser. Man utfører numerisk integrasjon med hensyn på et stykkevis polynomideal for en polynombasis av et approksimasjonsunderrom av de Hilbertrom (Sobolevrom) hvor differensialoperatoren fungerer som en lineær isomorfi. Den siste delen av den numeriske behandlingen er å løse en matriselikning svarende til projeksjonen av eksakt løsning fra Sobolevrommet ned på et endeligdimensjonalt underrom.

Arbeidsestimatene er av orden n^3, hvor n er antall observasjoner assosiert med et enkelt track. Innenfor teorien for FEM jobbes det med å få estimatene ned, men her utnytter man spesielle strukturer i matriselikningen,dvs at den såkalte stivhetsmatrisen er glissen i en bestemt forstand. I vårt tilfelle har vi imidlertid ikke noe slikt å forholde oss til, og baserer oss på estimatene fra [6].

6.4 Bézierfilter

Approksimasjonsegenskapene for Bézier kurver, eller B–spline kurver som vi kan kalle dem generelt, er meget gode. Ved hjelp av den såkalte Oslo–algoritmen kan man få polygonfølger til å approksimere glatte kurver vilkårlig godt ved ganske få iterasjoner. I [8] vises det at en kurve kan approksimeres med gitt toleranse grense etter k iterasjoner, hvor k er et problemavhengig tall. Skal man sammenlikne med filtreringsteorien gir dette et estimat på ca. n^3 på samme måte som de andre metodene.

6.5 Kalmanfilter

Kalmanfilteret gir korrekte estimater kun så lengde den underliggende dynamiske modell for målet er korrekt. Det er imidlertid vanskelig å bestemme en modell som er gyldig for alle aktuelle mål. Analysen av algoritmene er avhengig av den dynamiske modellen.

6.5.1 Euklidsk Kalmanfilter

Likningene fra fra seksjon 5.7.1, dvs (5.13) til (5.16) er algebraiske matriselikninger, og stabiliten til likningene er avhengig av stabiliteten for matrisen

$$A = HP(k|k-1)H^T + R_c \tag{6.1}$$

med hensyn på inversjon. Vi registrerer at med mindre $A - R_c$ er en normal undergruppe av $GL(n)$, kan vi gjøre matrisen vilkårlig singulær ved å velge passende H. Det er imidlertid vanskelig å si noe mer om dette uten en tidkrevende videre analyse.

6.5.2 Projektivt Kalmanfilter

Da det projektive Kalmanfilter er et spesialisert euklidsk kan vi ikke gi noe mer informasjon om stabiliteten av dette enn for det euklidske. Spekulativt kunne man allikvel tro at den projektive angrepsvinkelen ville ha sterkere stabilitet da den bruker en modell som ligger nærmere målene enn den euklidske bruker.

6.6 Alpha-Beta-filter

I seksjon 5.8 forklarte vi prinsippet for et Alpha-Beta-filter og satte opp et likningssystem. Da filteret var definert ved rekursjonslikninger falt det seg naturlig å behandle velstiltheten av disse samtidig med definisjonen. En algoritme basert på likningene ville være en triviell oversettelse av den matematiske rekursjonen til et programmeringsspråk. Følgelig vil en slik algoritme være entydig velstilt og stabil.

7 KONKLUSJON

Som nevnt innledningsvis har dette notatet to formål. På den ene siden ønsker vi en populær innføring i teorien for estimering og filtrering for dynamiske systemer. På den andre siden skal denne fremstillingen være så generell at den gir rom for å beskrive forholdsvis utradisjonelle filtreringsmetoder under samme premisser som de klassiske metodene.

Under arbeidet med avskjæringsmodellen viser det seg at man får en del konkrete problemer som gjør det naturlig å tenke i noe andre baner enn det som har vært vanlig innenfor Kalmanfilter teorien. Det abstraktet rammeverket er således innført også for å gi godt sammenliknings-grunnlag for metodene seg imellom. For å lette lesningen av notatet har vi fulgt visse pedagogiske retningslinjer forklart i innledningskapittelet.

7.1 Problemstilling

Vi er på jakt etter en effektiv algoritme for å implementere sensortracking i avskjæringsmodellen. Både før og under utviklingen av dette notatet har det vært gjort forsøk på slike implementasjoner.

Kan vi nøye oss med å bruke det eksisterende verktøy?

Eksemplene med PERFECT og NORMAL, omtalt i 5.2 og 5.3, viser at status quo ikke er tilstrekkelig til våre formål.

Hva har man da å velge mellom?

For å gjøre et hensiktsmessig valg må man ha en viss forståelse av både det fysiske og matematiske problem. Vi har i kapittel 2 gått omhyggelig til verks for å gi en matematisk modell av trackingen og hvordan en tracker er stilt overfor variasjon av parametre. Dette gir oss en viss kontroll over de ytre rammene i problemstillingen.

Kapitlene 3 til 5 behandlet så problemets infrastruktur. I kapittel 3 ga vi en rask oppsummering av noen av hovedprinsippene for lineær estimering i dynamiske systemer. Problemstillingen blir klarere i det vi nå har et presist matematisk verktøy for våre konstruksjoner. I kapittel 4 så vi hvordan vi kunne modellere vårt konkrete problem etter disse generelle retningslinjene. Med dette er alt lagt tilrette for kapittel 5 hvor vi vurderer hva slags filter som kan konstueres og hvilke krav som må legges på en slik konstruksjon.

7.2 Problemløsning

Vel så viktig som det å finne en optimal algoritme er det å utforske og dokumentere de mulige algoritmene som gir seg tilkjenne etterhvert. Et felles trekk for samtlige filter er at de representerer innovasjonsprosesser for en stokastisk dynamisk beskrivelse av manøvreringsproblemet. Forskjellen består i valget av dynamiske systemer for å beskrive prosessen. Prosessen kan approksimativt beskrives ved dynamiske, kinematiske og statiske metoder, avhengig av hvordan man velger å stille problemet.

Vi kan oppsummere kapittel 5 og 6 ved å klassifisere algoritmene på følgende måte:

a) Normative filter: De to filterene vi hadde som utgangspunkt kan fungere som sammenlik-
ningsutgangspunkt da de representerer ekstreme løsninger av filtreringsproblemet, hver på
sin måte. Identitets– og regresjonsfiltrering er typiske ad hoc metoder som gir urealistisk
gode og dårlige trackingresultater.

b) Mønstergjenkjennelsesteknikk: En generalisering av det opprinnelige regresjonsfilteret hvor
man antar at trackets bane vil følge en av n mulige trasétyper.

c) Endelig element og spline baserte teknikker: Bézierfilteret er en spesialutviklet metode basert
på statisk tolkning av trackingproblemet. Her prøver man en energiminimerende approksi-
masjon av observasjonene.

d) Kalmanfilter i polare og kartesiske koordinater: Her gjøres det gjetninger på trackets videre
bane basert på statistiske erfaringer uten nevneverdig forenkling av sturukturer utenfor det
dynamiske systemet. Alpha–Beta–filteret er en deterministisk approksimasjon av Kalmanfil-
teret hvor man gjør svakere estimater på trackets kurs, men mer effektive beregninger.

7.3 Sammenlikninger

Med utgangspunkt i betraktningene fra kapittel 6 kan vi gjøre en omtrentlig sammenlikning av
de forskjellige algoritmene. Arbeidsestimatene er approksimative antagelser om ordenen på
algoritmene. Arbeidsestimatet er antall iterasjoner mellom hver oppdatering av trackene. Dette
er avhenigig av hvor stor hukommelse trackene har. Identitetsfilteret har ingen hukommelse og
får følgelig arbeidsestimat av orden en. Andre filtertyper må f eks løse $n \times n$ matriser og får esti-
mater deretter.

Metode	Stabilt	Arbeidsestimat
Identitetsfilter	Ja	$O(1)$
Regresjonsfilter	Nei	$O(n^3)$
Mønstergjenkjennesesfilter	Problemavhengig stabilitet	$O(n^3)$
FEM-filter	Ja	$O(n^3)$
Bézierfilter	Ja	$O(n^3)$
Euklidsk Kalmanfilter	Ja	$O(n^3)$
Euklidsk Alpha-Beta-filter	Ja	$O(n^3)$
Projektivt Kalmanfilter	Ja	$O(n^3)$
Projektivt Alpha-Beta-filter	Ja	$O(n^3)$

Sammenlikningen av algoritmene gir ikke noe entydig svar på hva slags algoritme som er best å
velge. De fire siste har programmeringstekniske fordeler, og Alpha-Beta-variantene beskrevet
her svarer omtrentlig til det som brukes i faktiske systemer. På den annen side representerer f
eks mønstergjenkjennelsesalgoritmen en dypere tilpasning til det konkrete problemet, og ved å
velge det rette mønsteralternativer kan det muligens være noe å hente her.

7.4 Vurdering av resultater og videre arbeid

Algoritmer med ambisiøse arbeidsoppgaver krever mye tid, og mindre ambisiøse oppgaver krever mindre tid. Samtlige algortimer er velstilte, dvs de genererer entydig output, og output er kontinuerlig avhengig av input.

Resultatene lar seg med enkelhet anvende innenfor andre liknende prosjekter. Naturlige anvendelsesoppgaver vil være innenfor systemanalytisk simulering av problemer hvor navigasjon eller prosesskontroll er en vesentlig faktor.

Dette notatet har behandlet de innledende problemer i tilknytning til programmering av trackingalgoritmer. Jo mer komplisert tracking man ønsker å utføre, desto mer avhengig av strukturutnyttelse er man hvis man skal unngå uoversiktlige tids- og arbeidsestimater.

Flere av de introduserte metodene ser ut til å ha noe for seg slik at de vil kunne konkurrere med hodeløs programmering av tidsdiskrete Kalmanfiltre. Videre arbeid innenfor enkelte av disse grenene ser med andre ord ut til å være fornuftig.

LITTERATURLISTE

Primærlitteratur

[1]   Blackman, S. S. (1986)
        Multiple–Target Tracking with Radar Application,
        Artech House Inc.

[2]   Davis, M. H. A. (1977)
        Linear Estimation and Stochastic Control,
        London, Chapman and Hall.

[3]   Løvli, E. (1991)
        Sensorer og målfølging for luftkontroll – beskrivelse og evaluering,
        FFI/NOTAT–91/7026, Forsvarets Forskningsinstitutt (begrenset)

[4]   Bonvik, A. M. (1991)
        En safari gjennom avskjæringsmodellen 2.1 med rifle og kamera,
        FFI/NOTAT–91/5003, Forsvarets Forskningsinstitutt (off. tilgjengelig)

[5]   Luenberger, D. G. (1979)
        Introduction to dynamic systems,
        John Wiley and sons.

[6]   Johnson, C. (1987)
        Numerical solution of partial differential equations by the finite element method,
        Lund, Studentlitteratur.

[7]   Dimmen, A. (1991)
        Reduksjon av antall falske plot fra SINDRE 1,
        Preprint av diplomoppgave, Norges Tekniske Høyskole.

[8]   Øgland, P. (1991)
        Periodiske B–splines: Algoritmer, teori og anvendeler,
        Hovedfagsoppgave i numerisk analyse, Universitetet i Oslo.

[9]   Endrestøl, Madsen, Rudshaug & Sira (1988)
        Matematisk modellering av industrielle prosesser,
        Kompendium, Institutt for Energiteknikk.

Sekundærlitteratur

[10]   Polya, G. (1945)
        How to solve it,
        Princeton University Press.

[11]   Jänich, K. (1987)
         Topologie,
         Zweite Auflage, Springer–Verlag.

[12]   Birkhoff, G. & MacLane, S. (1949)
         A survey of modern algebra,
         New York, The Macmillan Company.

[13]   Herstein, I. N. (1975)
         Topics in algebra,
         second edition, John Wiley and sons.

[14]   Lyche, T. (1985)
         Numerical Linear Algebra,
         Kompendium, Universitetet i Oslo.

[15]   Folland, G. B. (1984)
         Real analysis: Modern techniques and their applications,
         John Wiley and sons.

TJENESTEBEVIS

Etternavn, fornavn			
ØGLAND, Petter			

Fødselsdato
170366

Tidsrom	Avtjent	Vervings-periode	Forsvarsgren
300991 - 090692	X Førstegangstjeneste		Sjøforsvaret

Tjenestestilling (hovedfunksjon)
Spesiell tjeneste

Tjenestens arbeidsfelt og ansvarsområde

Øgland har arbeidet med algoritmer for dynamisk innfølging ut fra diskrete observasjoner. Som en del av dette arbeidet har han studert Kalman-filterteori og andre løsningsprinsipper. Han har også implementert prototypen av algoritmene i en simuleringsmodell. Programmeringen har vært gjort i språket C++ under UNIX operativ-system.

Gjennomgått/fullført følgende militære kurs/utdannelse

Type kurs/utdannelse	Kursets/utdannelsens lengde	Eksamen (dato/år)	Resultat

Andre opplysninger, herunder spesielle oppgaver/verv

Vurdering av tjenestens utførelse

Øgland har samvittighetsfullt og nøyaktig utført de oppgaver som har blitt pålagt ham.

Dekorasjoner/ferdighetsmerker

Vernedyktighetsmedalje

Stempel	Sted og dato	Underskrift,
		11/5-92

Retur i god tid for dim